Yf 11400

RÈGLEMENT
DES
COMÉDIENS FRANÇAIS.

RÈGLEMENT

DES
COMÉDIENS FRANÇAIS
ORDINAIRES
DU ROI.

1791.

RÈGLEMENT

DES COMÉDIENS FRANÇAIS

ORDINAIRES DU ROI.

Les Comédiens Français ordinaires du Roi, Acteurs & Actrices associés, convaincus de la nécessité de faire observer les loix auxquelles l'Administration de leur Société doit être soumise, pour y maintenir l'ordre, sans lequel aucun établissement ne peut subsister, & pour prévenir les abus, aussi contraires à la satisfaction du Public qu'à leurs propres intérêts, après avoir entendu la lecture de leur Règlement, se sont occupés d'en faire une nouvelle rédaction, en y apportant les changemens qui ont été jugés nécessaires; ils ont, en conséquence, unanimement arrêté & statué ce qui suit :

Article Premier.

Le présent Règlement ayant été lu en présence de toute la Société & signé de tous les Acteurs & Actrices qui la composent, il en sera donné copie à chacun d'eux, afin que personne n'en puisse prétendre cause d'ignorance; il en sera fait, en outre, lecture, tous les six mois, dans une Assemblée générale indiquée à cet effet, à la première séance de la Société après le renouvellement des Comités; le Semainier sera tenu de faire procéder à cette lecture, à peine de cent livres d'amende; ceux des Sociétaires qui, sans excuse légitime & prouvée, se dispenseront de se trouver à ces Assemblées, paieront vingt-quatre livres d'amende.

Art. II.

Comité.

Pour que la Société connaisse les abus qui pourraient se glisser dans son administration & dans sa police intérieure, &

pour qu'elle foit à portée d'y remédier, le Comité s'affemblera tous les huit jours, pour prendre connaiffance de toutes les affaires, & en donner fon avis à la Société affemblée.

1°. Ce Comité fera compofé de quatre hommes & de trois femmes élus au fcrutin, & des Semainiers, qui, tant qu'ils feront en exercice, feront obligés de fe trouver à ces Affemblées, & y auront voix délibérative.

2°. Le comité fera renouvelé en partie tous les trois mois, par la nomination de trois membres, de deux hommes & d'une femme, fans qu'aucun puiffe être réélu plus d'une fois de fuite, & demeurer plus de fix mois confécutivement.

3°. La Société entend que le Comité ne foit point troublé dans fa geftion, & qu'il ait la confidération & l'autorité qui lui eft néceffaire pour exercer les pouvoirs de la Société qu'il repréfente.

4°. Les perfonnes compofant le Comité

seront dispensées des devoirs de semainiers. Elles s'assembleront le jour qui sera indiqué à l'Assemblée générale du lundi, sans que rien puisse dispenser de tenir le Comité.

5°. Aucuns des membres composant le Comité, ne pourront se dispenser de s'y trouver au jour indiqué, sans une excuse légitime & prouvée, dont il sera rendu compte à la Société, sous peine de douze livres d'amende.

6°. Aucune délibération du Comité sur les objets qui intéressent particulièrement l'Administration générale & le service du Public, ne sera mise à exécution qu'après qu'elle aura été approuvée par la Société; à l'égard des autres, telles que celles qui auront pour objet les états de dépenses nécessaires à faire, les mémoires à arrêter, elles seront communiquées dans une Assemblée générale, pour y être connues & approuvées par une délibération, laquelle étant signée par le Comité & par un tiers des membres composant la Société, vaudra & sera exécutée comme si elle étoit signée par la Société entière.

7°. Le Comité étant chargé de l'Administration générale, il prendra connaissance de tous les engagemens, contrats & obligations, remboursemens, acquits de mémoires, dépenses journalières & extraordinaires, & des emprunts. Il appellera le Conseil pour prendre son avis sur les opérations qui seront à faire pour le bien & l'avantage de la Société.

8°. En outre, il sera tenu, tous les ans, dans le cours des deux premiers mois de la rentrée, une Assemblée générale avec le Conseil, à l'effet de recevoir & d'arrêter les comptes généraux de l'année précédente, de prendre connaissance des dettes actives & passives; en un mot, de vérifier l'état de situation de la Société: tous les membres de la Société seront tenus d'assister à cette Assemblée, à peine de vingt-quatre livres d'amende.

9°. Il ne sera entrepris, ou suivi aucune affaire, en demandant ni en défendant sous le nom de la Société, qu'il n'ait été préalablement pris, sur ce, l'avis du Conseil & fait une délibération en conséquence, laquelle servira de pouvoir aux Avoués.

10°. Le Comité aura inspection sur les ballets, orchestre, magasin, &c. & veillera aux provisions nécessaires de bois, de charbon & d'ustensiles de l'intérieur de l'hôtel : il pourra confier ces différents détails à ceux des camarades qui voudront bien s'en charger pour leur propre intérêt & l'avantage général de la Société ; lesquels auront droit de présence au Comité, toutes les fois qu'il y sera question des objets dont ils auront été chargés. Le Comité fera en outre des règlemens pour tous les Gagistes, qui seront remis aux Semainiers pour les faire exécuter. Il sera dépositaire des Archives dont il sera fait inventaire à la rentrée de Pâques prochain, & tous les ans un récolement ; il convoquera les Assemblées extraordinaires pour y proposer les affaires qui doivent être délibérées.

11°. Le Comité sera chargé de la vérification de la caisse, de voir si les registres de dépense & de recette sont tenus en bonne forme, sans rature ni interligne : à cet effet, une des personnes nommées par le Comité, & choisie dans la Société, paraphera tous les registres par première & dernière feuille.

12°. Le Comité inscrira ou fera inscrire par le Secrétaire, sur un registre particulier, toutes les délibérations de la Société, les lettres qu'elle recevra & les réponses qui seront faites.

13°. S'il s'élevait quelque différent entre les Acteurs ou Actrices, le Comité en prendra connaissance, entendra les raisons de part & d'autre, & en donnera son avis à la Société, qui prononcera ce qu'elle jugera convenable : il tiendra la main à l'exécution des réglemens, veillera à ce qu'il ne se passe rien qui soit contre la décence & contre les égards que des camarades & des associés se doivent ; s'il a connaissance qu'il y ait sur cela quelque chose à reprendre, il en avertira la Société assemblée qui emploiera tous les moyens de réprimer les torts de ce genre & de maintenir l'honnêteté & la concorde dans le sein de la Société.

14°. Dans le cas d'un évènement imprévu qui aurait besoin d'être décidé sur-le-champ, chacun des membres du Comité pourra en convoquer l'Assemblée, pour être statué provisoirement ce que le Comité jugera convenable pour le bien du service, en attendant la décision de la Société, celle du Comité ayant force de loi jusqu'à ce moment.

15°. Le Comité aura soin de faire inscrire exactement sur un registre, & par ordre de date, les pièces qui seront à la lecture. Ce registre contiendra le nom des pièces, la date de leur lecture, ainsi que le nombre des voix qui auront été pour la réception ou le refus : il communiquera ce registre aux Auteurs, afin qu'ils sachent le tems où leurs ouvrages pourront être lus, & pour qu'il ne soit fait aucun passe-droit; il aura également soin de faire avertir l'Auteur huit jours à l'avance de celui où l'on entendra la lecture de sa pièce. Il instruira les Auteurs des règlemens qui les intéressent, & fera ensorte que les représentations des pièces venues à leur tour ne soient jamais retardées.

16°. Le Comité prendra connaissance des pièces anciennes à remettre au théâtre & les fera mettre à l'étude pour qu'elles soient jouées; &, en cas d'opposition ou de difficultés, il en rendra compte à la Société.

17°. Le Comité, qui sera toujours instruit de l'état du séquestre, en fera son rapport à la Société assemblée, trois semaines avant la clôture de chaque année : après l'exposition de ce rapport, le Comité rentrera dans le sein de l'Assemblée qui donnera son avis par scrutin sur l'emploi de ce séquestre ; on discutera ensuite : mais on indiquera une autre assemblée, dans laquelle on donnera de nouveaux scrutins dont le résultat sera décisif.

18°. On ne pourra tenir le Comité qu'il n'y ait au moins cinq membres, les Semainiers compris.

Art. III.

Des-Semainiers.

Il y aura deux Semainiers chargés des détails d'exécution, ainsi qu'il suit :

Fonctions du premier Semainier.

1°. Le premier Semainier sera chargé de convoquer les assemblées ordinaires : il convoquera des assemblées extraordinaires de toute la Société, ou du Comité seulement, quand il le trouvera nécessaire.

2°. Il dressera la liste des Acteurs & Actrices présens à chaque Assemblée, en écrivant sur une feuille les noms de ceux qui arriveront à l'heure indiquée.

3°. Il notifiera toutes les délibérations, & sur-tout celles qui demandent une prompte exécution, aux personnes intéressées qui ne pourront se dispenser de s'y soumettre sous peine d'amende.

4°. Il proposera les pièces qui doivent former le répertoire pour quinze jours, & celles qu'il conviendra de remettre au théâtre; & il avertira tous les Acteurs & Actrices des rôles qu'ils doivent y jouer.

5°. Il veillera à ce que le répertoire réglé à l'assemblée soit exécuté, & fera son rapport au Comité des abus & des contraventions qui seront venus à sa connaissance, afin que l'on puisse y pourvoir.

Fonctions du second Semainier.

1°. Le second Semainier veillera à la distribution des billets & des contre-marques, donnera les affiches, fera commencer le spectacle à six heures précises, marquera ceux qui ne sont pas prêts à l'heure, & en remettra la liste au premier Comité. Il se fera donner, chaque jour, par le Souffleur, le nom des Acteurs qui jouent dans le premier acte, afin de pouvoir les faire avertir, & il aura soin qu'on ne soit pas dans le cas d'attendre ceux qui ne paraissent qu'au second ou au troisième acte.

2°. Il viendra à toutes les répétitions pour voir si elles se font avec soin, & mettra à l'amende ceux qui y manqueront, ou qui ne seront pas exacts à l'heure, ainsi qu'il sera dit ci-après; & il remettra au Comité la liste de ceux qui ne seront pas venus, ou qui n'auront pas été à l'heure pour commencer.

3°. Les deux Semainiers auront séance & voix délibérative au Comité.

4°. S'ils négligent d'imposer les amendes encourues, ils en seront responsables & paieront l'amende de la même somme qu'aurait payée celui ou celle qu'ils en auroient exempté.

5°. Ils tiendront un état detaillé contenant les motifs des amendes de ceux qui y seront imposés, & le remettront signé d'eux au premier Comité qui l'arrêtera & l'enverra au Contrôleur de la caisse, qui

le

le fera paſſer au Caiſſier, lequel ſera tenu, ſous ſa reſponſabilité, de faire acquitter les amendes par ceux qui les auront encourues.

6°. Le produit des amendes ſera mis dans une caiſſe ſéparée, deſtinée à former un fond d'amortiſſement; en conſéquence, il n'en ſera tiré aucune ſomme pour gratification, & il ne ſera diſpoſé d'aucune qu'en vertu d'une délibération de la Société priſe à la pluralité des voix, & ſur un rapport motivé du Comité, qui auparavant ſe ſera inſtruit de l'état de la caiſſe & des beſoins de la Société.

Art. IV.

Des Assemblées.

1°. Il ſera tenu, tous les Lundis, à onze heures du matin, dans la ſalle de l'hôtel, une aſſemblée à laquelle tous les Comédiens & Comédiennes ſeront préſens.

2°. Aucune perſonne étrangère à la So-

B

ciété ne pourra, fous aucun prétexte, prendre part, ni même affifter aux délibérations.

3°. Il fera pris à la caiffe, pour chaque affemblée des lundis, le nombre d'écus de fix livres, néceffaire pour en diftribuer un à chacun des Acteurs & Actrices reçus ou à l'effai, à qui la Société aura accordé le droit de jetons.

Ceux ou celles qui ne fe trouveront pas à l'affemblée, ou qui n'arriveront qu'après midi fonné à la pendule de l'hôtel, ou bien qui la quitteront avant deux heures fonnées, perdront leur jeton.

4°. Les deux Semainiers feront tenus de fe rendre le lundi, à onze heures précifes, à la falle d'affemblée pour y préparer le répertoire, y prendre connaiffance des lettres adreffées à la Société & des affaires qui peuvent être intervenues, & former enfuite un ordre du jour qui fera foumis à la délibération de l'Affemblée, dès que le répertoire & la distribution seront finis.

5°. Les affaires mises à l'ordre du jour seront traitées de suite ; & on ne pourra changer d'objet, que quand celui mis en délibération sera terminé. Les lettres ou mémoires qui exigeront une longue & sérieuse discussion, seront renvoyés au Comité, pour en être rendu compte à l'assemblée suivante.

6°. L'Assemblée finira à deux heures, à moins qu'il n'arrivât quelqu'affaire pressée qu'il fallût, pour l'intérêt général, terminer avant de se séparer.

ART. V.

RÉPERTOIRE.

1°. Avant que le répertoire commence, le premier Semainier demandera aux Acteurs & aux Actrices si quelqu'un d'eux a besoin d'un jour dans la semaine, ainsi que les raisons qu'ils peuvent avoir pour ne pas jouer. Lorſqu'il ſera reconnu que chacun pourra jouer tels ou tels jours, perſonne ne ſera en droit de refuſer tel rôle pour tel jour, & le Semainier mettra ſur le répertoire la pièce indiquée, ſans égard pour qui ferait refus, dès que la pièce & le jour conviendront à la Société.

2°. S'il arrivait que quelqu'un, ne pouvant jouer de la ſemaine, vînt à l'aſſemblée du répertoire de cette même ſemaine, pour lors il n'aurait aucun droit de préſence, étant peu convenable que quelqu'un vienne prendre ſon jeton pour dire à ſes camarades qu'il ne peut leur être utile.

3°. Pour que le répertoire ſe puiſſe faire facilement, & qu'il ne ſoit point ſujet à des changemens nuiſibles au bien général, ceux qui ne pourront venir au répertoire pour cauſe de maladie ou autre empêchement, écriront au Comité ou au premier Semainier, pour les informer qu'ils ſont malades, afin que l'on ne compte point ſur eux, & ils marqueront le tems dont ils croiront avoir besoin pour se rétablir, ou pour leur faire savoir que, des affaires les empêchant de venir à l'Assemblée, ils consentent de jouer les pièces qui seront choisies par l'Assemblée & qu'ils s'y tiendront prêts pour les jours indiqués, ainsi que pour les pièces que l'on aura arrêté de remettre : l'Assemblée aura soin de les placer de façon qu'on ait le tems d'apprendre les rôles.

4°. Les Acteurs en premier, avertiront après le répertoire, en présence de l'Assemblée, leurs doubles des rôles qu'il faut qu'ils jouent dans la semaine, afin que les doubles n'en puissent prétendre cause d'ignorance. Cependant si le rôle était trop considérable pour que le double s'en chargeât, ou qu'il n'eût pas assez de tems pour l'apprendre ou le repasser, alors le Comité sera en droit de s'opposer à la demande de l'Acteur en premier, comme nuisible au bien général ; & ledit Acteur ou Actrice en premier sera tenu de se soumettre à la décision du Comité &

de jouer le rôle : alors il fera enjoint au double de s'y tenir prêt pour une autre repréfentation dont le jour lui fera indiqué, quand cela fera une fois arrêté, il ne fera plus au choix de l'Acteur ou Actrice en premier de reprendre fon rôle pour le jour indiqué.

5°. Si les premiers, en cas d'affaires ou d'incommodités notoires, ne pouvaient jouer, ils auront foin d'avertir par écrit leurs doubles, la veille & d'affez bonne heure pour qu'ils puiffent repaffer leur rôle, & fur-tout d'en prévenir par écrit le premier Semainier, afin qu'il puiffe avoir, par écrit auffi, la réponfe du double & être certain que la repréfentation ne manquera pas.

6°. Au cas que le double, chargé par le premier d'un rôle, tombe malade, le premier, fe portant bien, fera tenu de le jouer, fur l'avis que lui en donnera le premier Semainier, à moins que ce ne foit un rôle qui ne lui foit plus familier, & qu'il lui foit impoffible de le remettre;

ce dont le Comité jugera, entendant que chacun se prête aux intérêts de la Société.

7°. Pour obvier aux inconvéniens qui peuvent naître des maladies subites & qui forcent les Comédiens à fermer, tout Acteur ou Actrice qui se trouvera incommodé au point de ne pouvoir jouer le soir ou le lendemain dans la pièce affichée, fera avertir, le matin, de son état, & d'assez bonne heure pour que le premier Semainier, sur l'avis qui lui en sera donné par écrit, puisse faire assembler la Société pour voir si le rôle est sû par quelqu'un, & enfin, s'il est impossible de faire autrement, changer de pièce & faire faire de nouvelles affiches.

8°. Dans le cas où quelque Acteur ou Actrice, ayant fait changer une représentation pour cause de maladie, serait apperçu dans quelque promenade ou spectacle, ou ne se trouverait pas chez lui, il sera mis à l'amende de cent livres.

9°. L'Acteur en chef dans les seconds

rôles ne pourra refuser de jouer aucun de ceux de cet emploi, sous prétexte qu'il se réserve pour doubler le premier rôle dont il est le double, considérant les seconds comme importans & devant n'être jamais trop bien entre les mains de l'Acteur destiné à jouer les premiers : entendant qu'avoir doublé quelquefois le premier rôle, n'est pas un titre pour quitter le second, tant que l'Acteur chargé des premiers sera au théâtre.

10°. Afin de tirer parti des pièces à agrémens, toutes personnes ayant de la voix ou d'autres talens propres à faire valoir ces pièces, seront tenues de les y employer, & ne pourront se dispenser d'y jouer, voulant qu'aucune pièce ne soit mise sans tous ses agrémens.

11°. La Comédie fera ses efforts pour mettre tous les mois une Comédie en cinq actes, ou une Tragédie nouvelle ou remise, & uue Comédie en trois actes, ou en un acte, nouvelle ou remise de même ; & le Comité tiendra la main à l'exécution de cet article.

12°. A l'égard des pièces remises, elles seront distribuées entre l'Acteur en chef & l'Acteur en double, le premier ayant droit de choisir. Si, à l'époque marquée pour la remise de la pièce, l'Acteur en chef ne se trouvait pas prêt, alors le double sera tenu de jouer, sauf au premier à reprendre son rôle quand il le pourra.

13°. Le répertoire se fera pour quinze jours : le lundi d'après se fera celui de la semaine suivante, & ainsi successivement. Quand le répertoire aura été réglé, chacun sera tenu de jouer le rôle pour lequel il aura été inscrit dans la distribution, à moins de causes légitimes approuvées par le Comité & dont il informera la Société, sous peine de cent livres d'amende pour celui ou celle qui refusera.

14°. Les pièces mises sur le répertoire ne

seront pas moins jouées, quand quelques-uns de ceux ou de celles qui ont les rôles en premier ne le pourraient pas, soit pour cause de maladie, ou de voyage à la Cour; les doubles devant toujours se tenir prêts à les remplacer, à moins que des études exigées par la Société ne les en empêchent, ou que, le rôle étant trop fort pour le double, cela ne devînt préjudiciable aux intérêts de la Société.

15°. Ceux qui ne seront pas prêts aux heures indiquées pour commencer le Spectacle, paieront une amende de six livres, ainsi que ceux qui n'ayant pas joué dans la grande pièce, se feraient attendre pour la petite.

16°. Les Comédiens & Comédiennes se trouveront exactement aux répétitions indiquées par le premier Semainier & à l'heure marquée, sous peine de trois livres d'amende s'ils n'arrivaient point à leur scène, & de dix livres s'ils n'y viennent point du tout. Le second Semainier y veillera, comme il est dit ci-devant, & il en sera responsable au cas qu'il y manque, ou qu'il fasse grâce à quelqu'un.

17°. Les feux de chaque Acteur & Actrice reçus ou à l'essai & débutans, seront de quarante sols pour chaque jour de représentation.

Art. VI.

Délibérations.

1°. Quand tout ce qui concerne le répertoire, la remise des pièces & autres objets énoncés ci-devant, aura été terminé, le plus ancien membre du Comité présent à l'Assemblée, exposera les autres matières dont l'Assemblée devra s'occuper, & sur lesquelles il sera délibéré ainsi qu'il suit :

2°. Chacun dira son avis sur les objets mis en délibération, suivant son rang d'ancienneté. Nul ne pourra interrompre l'opinion sous prétexte d'aucune observation à faire fur fon opinion, & chacun fera tenu d'attendre fon tour pour propofer les fiennes : les voix feront prifes, foit de vive voix en les infcrivant fur une lifte qui fera dreffée à cet effet, foit au fcrutin fuivant l'importance de l'objet.

3°. Il y aura lieu au fcrutin lorfqu'il fera demandé par trois membres préfens à l'Affemblée avec voix délibératives : le premier Semainier fera chargé de recueillir les voix & il tiendra la main à l'exécution de cet article.

4°. En matières importantes, comme lorfqu'il s'agira d'aliénation, emploi d'argent, emprunt, déplacement, exclufion d'un des Sociétaires ou de changemens à quelques articles des Réglemens, il faudra les trois quarts des voix des perfonnes compofant la Société pour faire loi.

5°. Toutes les décifions foit verbales, foit par fcrutin, feront infcrites fur-le-champ fur le regiftre des délibérations, & fignées par le Comité, les Semainiers

& par tous ceux qui seront présens à l'Assemblée, quand bien même il se trouverait quelqu'un qui aurait été d'un avis contraire à la décision générale, la pluralité des voix devant former alors la réunion des sentimens.

6°. Ceux ou celles qui interrompront le cours d'une affaire ou d'une opinion, soit pour en proposer une autre, soit pour quelque cause que ce puisse être, & qui, sur les représentations qui leur seraient faites, se serviraient de paroles piquantes, ou peu mesurées, seront privés, ce jour-là de leur droit de présence, & ils paieront en outre, sans déplacer, une amende de six livres.

7°. Lorsqu'il sera question de quelque affaire personnelle pour un Acteur ou une Actrice, après que l'exposition de sa demande ou de sa plainte aura été faite, par elle ou par lui, il sortira de l'Assemblée pour laisser la liberté des suffrages, sans pouvoir assister à la délibération. Les parens proches dudit Acteur ou Actrice, comme mari, femme, frère ou sœur, sortiront de même.

Art. VII.

Débuts.

1°. La Société ne fera débuter que dans les emplois où il manquera des sujets, &. d'après la demande ou sur la représentation du Comité, pour ne point multiplier inutilement les sujets dans les emplois qui sont remplis. Personne ne sera admis à débuter qu'après avoir été entendu par le Comité, en exceptant les Comédiens de province que l'on appellerait sur leur réputation, & qui ne peuvent pour lors être sujets à cet examen.

2°. Quand la Société aura accordé des permissions de débuter, & que lesdites permissions auront été enregistrées, le premier Semainier mettra, par préférence, sur le répertoire les trois pièces que les débutans demanderont, mais qu'ils ne pourront choisir que parmi celles qui sont au courant du répertoire.

3°. Les Acteurs & Actrices qui ont des rôles dans ces pièces, ne pourront se dispenser de les jouer, sinon pour cause de maladie. On fera une répétition entière sur le Théâtre pour chacune des pièces où les débutans devront jouer : ceux qui y manqueront paieront une amende de dix livres.

4°. Mais pour pouvoir juger sainement du talent des débutans, & non uniquement d'après les trois pièces qu'ils auront choisies, & qui peuvent leur avoir été montrées, lesdits débutans seront tenus de jouer ensuite, si cela convient à la Comédie, trois rôles au choix du Comité. La Société jugera si les pièces sont du genre des débutans & si elles n'excèdent pas leurs forces. Lesdites pièces ayant été approuvées par la Société, il en sera donné une répétition de chacune auxdits débutans ; à laquelle répétition les Acteurs & Actrices qui joueront dans la pièce seront tenus de se trouver : ceux qui y manqueront paieront l'amende de dix livres.

5°. Tout Acteur qui aura débuté avec succès, sera d'abord reçu un an à l'essai aux appointemens de 2000 liv. avec les feux. Si ses dispositions ne se sont point démenties pendant le cours des neuf premiers mois de cette année d'essai, il sera averti, à cette époque fixe, que la Société lui accorde une seconde année d'essai aux appointemens de 2,200 liv. avec jetons & feux ; & à la fin du neuvième mois de cette seconde année, il sera averti qu'il sera reçu ou remercié définitivement pour Pâques suivant, d'après une délibération prise à la pluralité des voix des personnes composant la Société.

6°. Mais avant qu'un Acteur ou Actrice à l'essai soit reçu ou remercié, chaque personne reçue donnera son avis motivé, par écrit, cacheté, un mois avant l'avertissement à donner à l'Acteur.

7°.

7°. Entendant toutefois que le présent article ci-dessus ne concerne point les Acteurs destinés simplement à l'utilité, & dont le traitement sera tout-à-fait particulier & relatif à leur service.

8°. La Comédie se réserve le droit d'avancer la réception d'un Acteur ou d'une Actrice que son talent ou son service mettrait hors de la règle ci-dessus.

9°. La pension de retraite de tout Acteur reçu & admis dans la Société courra, suivant l'ancien usage, du jour de son début, quoique le tems pour l'engagement ne coure que du jour de la réception.

Art. VIII.

PIÈCES NOUVELLES.

AUTEURS.

10. Il n'y aura qu'une lecture par Semaine, & à midi précis.

2°. Le Comité & les deux Semainiers seront obligés de se trouver à chaque lecture. Si quelqu'un d'eux manque à l'heure indiquée, il perdra son droit de présence; s'il manque tout-à-fait à la lecture, il paiera un louis d'amende, à moins qu'il n'ait prévenu par écrit la Comédie de l'impossibilité de s'y rendre : auquel cas, les Semainiers doivent sur-le-champ pourvoir à le faire remplacer par un autre, afin que la lecture puisse avoir lieu.

3°. Il faudra treize personnes présentes à la lecture d'une pièce : le Comité & les deux Semainiers obligés de s'y trouver ne composant que neuf personnes, il sera, à l'Assemblée du lundi, nommé quatre Sociétaires par rang d'ancienneté, afin de compléter le nombre nécessaire pour porter un jugement sur la pièce admise à la lecture.

4°. Cependant, tous les membres composant la Société se trouveront aux lectures : ceux qui, étant arrivés à l'heure prescrite, auront entendu la lecture de la Pièce & celle des avis, auront leur jeton.

5°. On ne lira aucune pièce qu'un Comédien n'ait certifié qu'il la connaît & qu'elle peut être entendue, à l'exception de celles d'un Auteur qui auroit un ou plusieurs ouvrages joués ou reçus. Les Pièces apportées à l'Assemblée seront remises à un examinateur : le Secrétaire prendra le titre de la Pièce & le nom de l'examinateur, afin d'éviter qu'aucun ouvrage ne s'égare. Si l'examinateur trouve que la Pièce ne doive pas être admise à la lecture, il en donnera les raisons par écrit, avec tous les ménagemens convenables ; & le premier Semainier ou le Secrétaire les remettra à l'Auteur, en lui rendant sa Pièce. Si, au contraire, l'examinateur la trouve en état d'être lue, elle sera inscrite à son rang.

6°. Si, lorsque le tour d'un ouvrage venu, & l'auteur prévenu du tems où il doit être lû, il ne se trouvait pas en état de l'être, on passera à la lecture de l'ouvrage qui suivra immédiatement le sien.

7°. Suivant la date du rang de lecture, & sans faire aucun passe-droit, on conviendra d'un jour, autre que le lundi, pour entendre la pièce. Le Semainier aura soin de prévenir l'Auteur ou celui qui a présenté la Pièce, huit jours avant celui choisi par l'Assemblée.

8°. L'Auteur seul, ou celui qui présentera la pièce, aura droit de venir à cette assemblée.

9°. La Pièce lue, chaque Acteur & Actrice choisis pour délibérer, (ainsi qu'il a été statué, paragraphe III) mettra par écrit les motifs d'acceptation, de corrections ou de refus, & remettra son avis pour en être fait lecture. Avant de lire les billets, on demandera à l'Auteur s'il veut entendre l'énoncé des avis, ou s'il préfère d'en recevoir le résultat.

10°. A la lecture de chaque pièce, il sera fait trois colonnes : en tête de chacune d'elles, il sera mis : *acceptation, corrections, refus*.

La colonne des corrections sera toujours jointe à la plus faible des deux autres, pour former ensemble une colonne de corrections : ce qui réduira le scrutin à deux colonnes ; savoir : *d'acceptation* & de *corrections*, ou de *corrections* & de *refus* : alors la plus forte de ces deux colonnes décidera si la Pièce est acceptée, admise à corrections, ou refusée.

Lorsque les colonnes d'acceptation & de refus seront égales, n'y eût-il qu'une voix de corrections, la Pièce sera admise à corrections.

Lorsqu'une colonne sera plus forte à elle seule que la somme des deux autres, la Pièce subira le sort de la dénomination de cette colonne.

11°. Si l'Auteur consent aux corrections, il lui sera accordé une seconde lecture qui se fera dans la même forme que la première, à l'exception que les écrits ne porteront que sur l'acceptation ou le refus, & la pièce sera reçue pour lors, ou refusée en dernier ressort.

12°. Toute réception & la date d'icelle seront constatées par la mention qui en sera faite sur le manuscrit de l'auteur & sur le registre tenu à cet effet.

13°. Toute Pièce nouvelle sera jouée à son tour de réception, sans distinction de saison d'hiver ou d'été; en observant cependant que la Comédie se réserve le droit de jouer, sur trois pièces reçues, une de son choix, sans être assujettie à l'ordre du tableau.

14°. Lorsque le tour de la représentation d'une pièce nouvelle sera venu, soit qu'elle soit prise dans l'ordre du tableau, soit qu'elle soit du choix de la Comédie, l'Auteur, ou son représentant, enverra les rôles aux Acteurs qu'il voudra choisir.

15°. Aucun Comédien ni Comédienne

ne pourra, sans des raisons valables dont la Société se réserve la connaissance, refuser un rôle de son emploi que l'Auteur lui aurait donné.

16°. La distribution des rôles, & même le choix des doubles au défaut des Acteurs en chef, appartiendront à l'Auteur seul, ou à celui qui aura présenté la Pièce en son nom à la Comédie; & les Acteurs originairement chargés des rôles ne pourront les faire passer à leurs doubles, que du consentement de l'Auteur ou de son représentant, à moins qu'il ne soit absent : ne pourront néanmoins les Auteurs obliger les Comédiens à se charger d'autres rôles que de ceux de leur genre & emploi ordinaire.

17°. Dans le cas où l'Auteur voudrait demeurer inconnu, il sera tenu de se faire représenter par une personne connue qui répondra de l'ouvrage & des événemens.

18°. Si l'Auteur consent à céder son

tour à un autre, ce qui ne pourra avoir lieu qu'une seule fois, il sera tenu de prendre le rang de celui auquel il aura cédé le sien ; mais ce remplacement ne pourra se faire que par des Pièces du même genre, & même ne pourra avoir lieu, s'il se trouve d'autres Pièces reçues antérieurement dont le sujet soit le même que celui de la Pièce qui sortirait de son rang.

19°. Les Comédiens chargés des rôles d'une Pièce nouvelle, ne pourront, sous quelque prétexte que ce soit, sinon pour des causes graves, dont la Société se réserve la connaissance, refuser de jouer une Pièce reçue, ni en retarder les représentations, sans le consentement de l'Auteur.

20°. Chaque Auteur d'une Pièce en cinq actes aura droit de faire entrer quatre personnes aux premières loges, les jours de représentation de sa Pièce ; il en fera entrer trois pour une Pièce en trois actes,

&

& deux pour une Pièce en deux & en un acte.

21°. Aucun Auteur, ainſi que tout Comédien & Comédienne, ne pourra louer une ou pluſieurs loges, ſans payer ſur le champ; & il eſt expreſſément défendu à la perſonne chargée de la location des loges journalières, de porter en compte de recette aucun crédit ſemblable, à moins qu'elle n'en réponde.

22°. L'Auteur d'une Pièce nouvelle pourra demander aux Semainiers des billets de parterre qui feront payés ſur ſa part; les Semainiers ne pourront en donner plus de quarante aux trois premières repréſentations, & plus de vingt aux ſept repréſentations ſuivantes.

23°. L'Auteur de deux Pièces en cinq actes & celui de trois Pièces en trois actes ou de quatre Pièces en un acte, reſtées au Théâtre, aura ſon entrée, ſa vie durant.

24°. L'Auteur d'une Pièce jouira de ſon entrée du moment de ſa réception,

D

& pendant trois ans après la première représentation d'une Pièce en cinq actes; l'Auteur d'une Pièce en trois actes pendant deux ans, & celui d'une Pièce en deux & en un acte, pendant un an seulement.

25°. S'il arrivait qu'un Auteur retirât sa Pièce pour la faire représenter ailleurs, alors il serait privé de son entrée, & serait tenu de payer une indemnité pour cette entrée dont il aurait joui.

26°. L'Auteur jouira de ses entrées aux balcons, premières loges & orchestre seulement.

27°. Avant de procéder à la lecture des Pièces, il sera donné connaissance aux Auteurs des dispositions des règlemens qui les concernent, afin qu'ils sachent quels engagemens la Société contracte avec eux, & à quelles conditions elle peut représenter leurs ouvrages.

ART. IX.

Le Comité sera chargé de présenter un

tableau des entrées, pour que l'Assemblée les arrête, & ce tableau sera représenté au moins une fois par an, pour y faire les changemens qui pourraient être nécessaires.

Le Secrétaire sera aussi chargé de tenir un tableau exact des dates des représentations de chaque Pièce, afin que la Comédie puisse savoir quand une Pièce serait dans le cas d'être portée à un autre Théâtre, faute d'être jouée chez elle dans l'espace de dix-huit mois.

Fait à l'Assemblée générale, ce vendredi dix-huit novembre mil sept cent quatre-vingt-onze. *Signés*, MOLÉ, LACHASSAIGNE, DESESSARTS, SUIN, RAUCOURT, CONTAT, DAZINCOURT, FLEURY, BELLEMONT, VANHOVE, FLORENCE, PERRIN-THENARD, JOLY, SAINT-PRIX, SAINT-FAL, DEVIENNE, EMILIE-CONTAT, PETIT, NAUDET, DUNANT, LA ROCHELLE, M. FLEURY.

De l'Imprimerie de BALLARD, Imprimeur du Roi, rue des Mathurins.

www.ingramcontent.com/pod-product-compliance
Lightning Source LLC
Chambersburg PA
CBHW070707050426
42451CB00008B/535